LEBENSKUNST

LEICHT GEMACHT

MENS
CHANGING ROOM
LADIES
CHANGING ROOM
DUNLOP

JOANNE GAIR

LEBENSKUNST

LEICHT GEMACHT

MIT TEXTEN VON MARLENE WEBER

KNESEBECK

ALTER

Das Alter einfach abstreifen

ABSTREIFEN

SI's SWIMSUIT
HALL of FAME
CHERYL, TYRA, ELLE, RACHEL, HEIDI, CHRISTIE AND MORE
10 PAGES OF BODY PAINTING
WE'VE GOT ANNA!

Billig-Flieger

NEW YORKER
HELLO!
RESERVED
FIRST CLASS
ERVED

Zurückhaltung üben

MAGIC ROBOT
Formula 1
PIFCO
ENCYCLOPAEDIA

In freudiger Erwartung

Man muss sich nur trauen

trauen

Rettungsringe griffbereit halten

Rettungsringe

LIFE
ON DUTY

Prima, Ballerina!

ABENDROT
Seniorenheim
Talentwettbewerb!!
Heute 18:30 Uhr

FESSELN

Den Fesseln des Alltags
entfliehen

ENTFLIEHEN

W.L.P

H.M.S
W.L.P

Familienglück kennt kein Zurück

Familienglück

50¢ bag
$1·50each
$2 dozen
money in
box
Honesty Box

Schwarzes Schaf

SCHAF

Big Mother is watching you

Big Mother

BOOKS
FAMILY LIFE
Am I spending enough
WHEN MOTHERS CAN'T LET GO!
BAMBINI
COLOURS
VIBES

BiRTHDAY

Manche mögen's heiß

heiß

Natürliche Hormonbehandlung

Head Nurse
TRIMLINE
HOSPITAL
HOSPITAL
HOSPITAL

I.C.U
SECURITY
Vincent

Pflücke

Pflücke den Tag!

Tag

EXIT

EXIT

EXIT

EXIT

EXIT

EXIT

EXIT

EXIT

EXIT

PUNKTEN

Nach Punkten siegen

Naturbursche

Gebauchpinselt

Personen

Personen- und Lasteraufzug

Laster

Für jeden Anlass
das passende Outfit

Geiz ist geil

geil

MALE dYNAMO,
seeks
High Revving
Female for
Ride in the
Fast Lane.
LEAN CLEAN LOVIN' MACHINE
seeks young, slim, single, FINANCIALLY INDEPENDENT model with own car, house and boat.
PLEASE SUPPLY PHOTO OF BOAT

Für klare Verhältnisse sorgen

MENS
CHANGING ROOM
LADIES
CHANGING ROOM

Schöne Aussichten

Aussichten

MIT DOPPELTEM EINSATZ

Mit doppeltem Einsatz spielen

FETT WEG

Jeder kriegt sein Fett weg

Obst aus

Aphrodites Garten

Warenannahme

BOO BOO

Die Hoffnung stirbt zuletzt

Attraktiver Zweiteiler

ZWEITEILER

Kribbeln im Bauch

ÜBER DIE KÜNSTLERIN

Joanne Gair hat sich mit ihrer Körperkunst weltweit einen Namen als Make-up-Artistin und Bodypainterin gemacht. Seit über zwanzig Jahren arbeitet die gebürtige Neuseeländerin mit renommierten Fotografen und Regisseuren, mit Supermodels und anderen berühmten Persönlichkeiten zusammen, um einzigartige Bilder zu schaffen. Ihre Werke waren bereits auf den Titelseiten zahlreicher internationaler Zeitschriften abgebildet und in Musikvideos, Filmen oder auch bei Werbekampagnen zu sehen. Als sie Demi Moore für die Titelseite des Magazins *Vanity Fair* im August 1992 mit einem dunkelblauen Nadelstreifenanzug bemalte, bedeutete dies den endgültigen Durchbruch für ihre Karriere. In den vergangenen zehn Jahren hat Joanne Gair unter anderem auch zahlreiche Projekte mit Madonna realisiert: Sie begleitete die Pop-Ikone auf Tourneen und wirkte bei ihren Videoclips wie auch bei einem Dokumentarfilm über die Sängerin mit. Seit 1999 stehen Gairs Badeanzüge – auf die Körper von Topmodels gemalt – im Mittelpunkt der Bademoden-Ausgaben der *Sports Illustrated*. Außerdem arbeitete die Künstlerin einige Zeit als Redakteurin für die Rubrik »Beauty« bei der Zeitschrift *Black Book*.

Joanne Gair ist aus der Modewelt nicht mehr wegzudenken. Ihre Bodypaintings sind bei allen großen Magazinen, bei Kosmetikfirmen und in der Werbe- und Modebranche sehr gefragt. In den letzten Jahren hat die Künstlerin, die heute in New York lebt, unter Beweis gestellt, dass sie nicht nur eine außergewöhnliche Bodypainterin ist, sondern auch eine begabte Fotografin. Ihre Kreativität konnte man bereits in *Kunst auf nackter Haut* (Knesebeck Verlag, 2006) bewundern, das die schönsten und beeindruckendsten Werke Joanne Gairs aus den letzten zwanzig Jahren versammelt.

BESETZUNG

OBEN

Im Atelier Joanne Gair **Fenster** (von links nach rechts) Gabrielle Leon, Marguerite Jones **Vor dem Atelier** (von links nach rechts) Tracy Hampton, Berrin Moody, George Gair, Oscar Moon, Philippe Morin, Kate Hennebry, Sarah Litherland, Nanette Mullane, Linda Gair, Teena Maree Hodgins, Elle Smith, Joao Marcelo B. Oliveira, Paul Harrington, Melanie Meng **Bodypainting-Assistentinnen** Hannah Kearns, Lauren Harrington **Frisur und Make-up** Diane Ensor **Requisiten** Evelyne Morin, Sharondelier, Centrepoint Fabrics, Yvonne Sanders Antiques, Auckland Antiques, Linda Gair, Alternative Arrangements, Blomfield Signs, Middle Earth Tile Co., Heap and Sharp Demolition, Ben Nge

DAS ALTER EINFACH ABSTREIFEN

Model Nanette Mullane **Bodypainting-Assistentin** Hannah Kearns **Frisur und Make-up** Diane Ensor **Titelseite der** ***Sports Illustrated*** Copyright © Walter Looss Jr./*Sports Illustrated*

BILLIG-FLIEGER

Passagier Linda Gair **Steward** Warwick Wood **Hand** Shaun Kearns **Bodypainting-Assistentin** Hannah Kearns **Requisiten** Day Break Pictures, Air New Zealand

ZURÜCKHALTUNG ÜBEN

Mutter Deanna Guilford **Kinder** Trent Dodds, Curtis Dodds **Bodypainting-Assistentin** Hannah Kearns **Requisiten** Artearoa, Kate Fitzpatrick

IN FREUDIGER ERWARTUNG

Model Teena Maree Hodgins **Bodypainting-Assistentinnen** Hannah Kearns, Linda Gair **Frisur** Diane Ensor **Requisiten** Alternative Arrangements, Arty Group

MAN MUSS SICH NUR TRAUEN

Braut Gabrielle Leon **Bräutigam** Berrin Moody **Trauzeuge** Chris O'Shea **Priester** Arch Goodfellow **Bodypainting-Assistenten** Hannah Kearns, Aaron Fitzpatrick **Frisur** Diane Ensor **Requisiten** St. Stephen's Church, Parnell, Auckland, Neuseeland

RETTUNGSRINGE GRIFFBEREIT HALTEN

Rettungsschwimmer Mark Thomas **Mädchen im Bikini** Aja Rock **Muskeln auf dem Rettungsschwimmer** Garry Jones **Bodypainting-Assistenten** Hannah Kearns, Jared Perrin **Frisur** Diane Ensor **Hintergrundmotiv** Copyright © Richard Krall/PhotoNewZealand.com

PRIMA, BALLERINA!

Darsteller Rayna Wolfromm, Kay Martin **Zuschauer** Bob Tudehope, Stuart Stevenson, Joyce Harper, June Foote **Bodypainting-Assistentin** Hannah Kearns **Frisur und Make-up** Vinnie Smith

DEN FESSELN DES ALLTAGS ENTFLIEHEN

Häftling Gary Bentley **Gefängniswärter** Philippe Morin **Bodypainting-Assistentinnen** Hannah Kearns, Devoney Scarfe

FAMILIENGLÜCK KENNT KEIN ZURÜCK

Vater Richard Whale **Jungen** Ryan Sutton-Edwards, Louis Vincent **Baby** Nikoia Lery Vaihú **Bodypainting-Assistentin** Hannah Kearns **Frisur** Diane Ensor **Requisiten** Artearoa

SCHWARZES SCHAF

Frau Mabel Pollack **Geistlicher** Robert Weingart **Bodypainting-Assistentinnen** Hannah Kearns, Linda Gair **Requisiten** Old McDonald's Farm **Hintergrundmotiv** Copyright © Geoff Mason/ PhotoNewZealand.com

BIG MOTHER IS WATCHING YOU

Mutter Kate Hennebry **Tochter** Emily Moon **Junge** Saccie El-Shareif **Kunde** Brooke Ashton-Taylor **Bodypainting-Assistentin** Hannah Kearns **Requisiten** PQ Publishers Ltd. **Hintergrundmotiv** Fotosearch.com, Copyright © Getty Images

MANCHE MÖGEN'S HEISS

Frau Elle Smith **Mann** Ivan Kemp **Bodypainting-Assistentin** Hannah Kearns **Frisur** Shaun Kearns **Requisiten** Utopia

NATÜRLICHE HORMONBEHANDLUNG

Krankenschwester Sarah Litherland **Frisur und Make-up** Sarah Church **Bodypainting-Assistentin** Hannah Kearns **Requisiten** Orthopädische Abteilung des Krankenhauses in Auckland, Neuseeland, South Pacific Pictures; Dank gebührt Harris Duin, der Krankenschwester am Set.

PFLÜCKE DEN TAG!

Dieb Paul Harrington **Museumswärter** Philippe Morin **Bodypainting-Assistentinnen** Hannah Kearns, Lauren Harrington

NACH PUNKTEN SIEGEN

Model Elizabeth Blackwell **Bodypainting-Assistentin** Hannah Kearns **Requisiten** Angela Anderson

NATURBURSCHE

Gärtner Joao Marcelo B. Oliveira **Frau** Emma Belcher **Bodypainting-Assistentinnen** Hannah Kearns, Linda Gair, Devoney Scarfe **Frisur** Donald Hollingsworth **Requisiten** Alison's Acquisitions

GEBAUCHPINSELT

Kürbis James Colville **Preisrichterin** Kate Hennebry **Bodypainting-Assistentin** Hannah Kearns **Requisiten** Kumeu Grain and Saddlery, Sheryl Riddle, Old McDonald's Farm

PERSONEN- UND LASTERAUFZUG

Liebespaar Randy und Yvette Testut **Fahrstuhlführer** Philippe Morin **Bodypainting-Assistentin** Hannah Kearns

FÜR JEDEN ANLASS DAS PASSENDE OUTFIT

Hundebesitzer David Jackman **Strandwächter** Philippe Morin **Requisiten** Giselle Scheepers **Hintergrundmotiv** Copyright © Getty Images

GEIZ IST GEIL

Model Demerson Oliskovicz **Bodypainting-Assistentinnen** Hannah Kearns, Kate Hennebry **Requisiten** Scotland House

HIER KÖNNTE IHRE ANZEIGE STEHEN

Models Parris Whitten (links), Finn Daley Roberts (rechts) **Bodypainting-Assistentin** Hannah Kearns **Requisiten** Spotlight Services, Artearoa, Wyatt and Wilson **Anzeigenlayout** John Osborne

FÜR KLARE VERHÄLTNISSE SORGEN

Geschäftsmann Angelo Morini **Sekretärin** Tamsyn Rose **Ehefrau** Linda Gair **Bodypainting-Assistenten** Hannah Kearns, Jared Perrin **Requisiten** Jared Perrin

SCHÖNE AUSSICHTEN

Mann Geoff Houtman **Frauen** Linda Gair (links), Stephanie Gillgren (rechts) **Bodypainting-Assistentinnen** Hannah Kearns, Linda Gair, Kate Hennebry, Lisa Gillgren **Requisiten** Nicky Kelly

MIT DOPPELTEM EINSATZ SPIELEN

Kartenspielerin Marie Goodyear-Smith **Frau im Gemälde** Marguerite Jones **Kartenspieler** Andre Gonzalez, Cameron Woodstock **Bodypainting-Assistentin** Hannah Kearns

JEDER KRIEGT SEIN FETT WEG

Aerobic-Kursleiterin Louise Jones **Kursteilnehmerinnen** Elena Peterson, Amy Weale, Stephanie Clews, Angela Vingoe **Bodypainting-Assistentin** Hannah Kearns **Frisur und Make-up** Vinnie Smith

OBST AUS APHRODITES GARTEN

Model Gabrielle Leon **Bodypainting-Assistentin** Hannah Kearns **Bilderrahmen** Copyright © Getty Images

WARENANNAHME

Model Ben Trethowen **Bodypainting-Assistentin** Hannah Kearns **Requisiten** Misa Christmas Trees, Linda Gair

DIE HOFFNUNG STIRBT ZULETZT

Model Jaoa Marques **Bodypainting-Assistentin** Hannah Kearns **Frisur und Make-up** Kylee Strathdee **Requisiten** Tippets Nursery, Puppy Kingdom

ATTRAKTIVER ZWEITEILER

Magier Peter Kite **Assistentinnen des Magiers** Margrethe Pederson, Kirsten Pederson **Bodypainting-Assistentin** Hannah Kearns **Frisur und Make-up** Vinnie Smith **Requisiten** Desiree Costume Hire, Madame Salami von den »Aunties«

KRIBBELN IM BAUCH

Model Charley Rose

SCHAUFENSTERDEKORATION

Im Atelier (von links nach rechts) Joanne Gair, Ruth-Anna Hobday, Marguerite Jones, Gabrielle Leon **Vor dem Atelier** George Gair, Oscar Moon **Bodypainting-Assistentinnen** Hannah Kearns, Lauren Harrington **Frisur und Make-up** Diane Ensor **Requisiten** Evelyne Morin, Sharondelier, Centrepoint Fabrics, Yvonne Sanders Antiques, Auckland Antiques, Linda Gair, Alternative Arrangements, Blomfield Signs, Middle Earth Tile Co., Heap and Sharp Demolition, Ben Nge

FOTOGRAFIEN UND BODYPAINTINGS

Joanne Gair

Bibliografische Information Der Deutschen Bibliothek
Die Deutsche Bibliothek verzeichnet diese Publikation in der Deutschen Nationalbibliografie; detaillierte bibliografische Daten sind im Internet über http://dnb.ddb.de abrufbar.

Titel der Originalausgabe: *The Art of Happiness*
Erschienen bei PQ Blackwell Limited, 116 Symonds Street, Auckland, Neuseeland, 2007

Deutsche Erstausgabe

Ein Unternehmen der La Martinière Groupe

Satz und Umschlaggestaltung: Daniela Kropf, München
Druck: Midas Printing International
Printed in China

ISBN-13: 978-3-89660-407-1

www.knesebeck-verlag.de